Je veux être vétérinaire

Autres titres dans cette série :

Je veux être infirmière

Je veux être médecin

Je veux être pilote

Je veux être policier

Je veux être pompier

JE VEUX ÊTRE

Vétérinaire

DAN LIEBMAN

FIREFLY BOOKS

A FIREFLY BOOK

Publié par Firefly Books Ltd. 2006

Première impression 2006

Catalogage avant publication de Bibliothèque et Archives Canada
Liebman, Daniel
Je veux être vétérinaire / Dan Liebman ; texte français de Tsipora Lior.
Traduction de : I want to be a vet.
ISBN-10: 1-55407-105-4
ISBN-13: 978-1-55407-105-0
1. Vétérinaires – Ouvrages pour la jeunesse. I. Lior, Tsipora, 1940- II. Titre.
SF756.L5314 2006 j636.089'023
C2005-904474-8

Publié au Canada par :
Firefly Books Ltd.
66 Leek Crescent
Richmond Hill, Ontario L4B 1H1

Publisher Cataloging-in-Publication Data (U.S.)
Liebman, Dan.
    [I want to be a vet. French]
    Je veux être vétérinaire / Dan Liebman.
[24] p. : col. photos. ; cm. (I want to be)
Summary: Photographs and easy-to-read text describe the job of a vet.
ISBN-10: 1-55407-105-4 (pbk.)
ISBN-13: 978-1-55407-105-0
1. Veterinarians – Vocational guidance – Juvenile literature. I. Title. II. Series.
636.089023 dc22 SF756.L54 2006

Publié aux États-Unis par :
Firefly Books (U.S.) Inc.
P.O. Box 1338, Ellicott Station
Buffalo, New York 14205

Références photographiques
© John Curtis/CORBIS, première de couverture
© Charles Gupton/CORBIS, page 5
© Jose Luis Pelaez, Inc./CORBIS, page 6
© John Howard; Cordaiy Photo Library Ltd./CORBIS, page 7
© John Periam; Cordaiy Photo Library Ltd./CORBIS, page 8
© Kit Houghton Photography/CORBIS, page 9
© Philip Gould/CORBIS, pages 10, 11
© Anthony Reynolds; Cordaiy Photo Library Ltd./CORBIS, pages 12-13

© Tim Wright/CORBIS, page 14
© Raymond Gehman/CORBIS, page 15
© Lynda Richardson/CORBIS, page 16, quatrième de couverture
© Steve Kaufman/CORBIS, page 17
© Dan Guravich/CORBIS, page 18
© Richard T. Nowitz/CORBIS, page 19
© Lowell Georgia/CORBIS, pages 20-21
© Reuters/CORBIS, page 22
© Wolfgang Kaehler/CORBIS, page 23
© Layne Kennedy/CORBIS, page 24

Traduction française : Tsipora Lior
Imprimé en Chine

L'éditeur tient à remercier le Conseil des Arts du Canada, le Conseil des arts de l'Ontario et le Gouvernement du Canada, par l'entremise du Programme d'aide au développement de l'industrie de l'édition, de l'aide financière accordée à son programme de publication.

Un vétérinaire soigne toutes sortes d'animaux. Celui qu'on voit ici examine la patte d'un chien lors de son examen de santé annuel.

Les chevaux ont eux aussi besoin de soins médicaux. La vétérinaire qu'on voit ici examine les dents du cheval pendant que sa propriétaire le tient ferme.

Ce veau qui vient de naître doit être tenu au sec et au chaud. Il pèse déjà plus qu'un enfant !

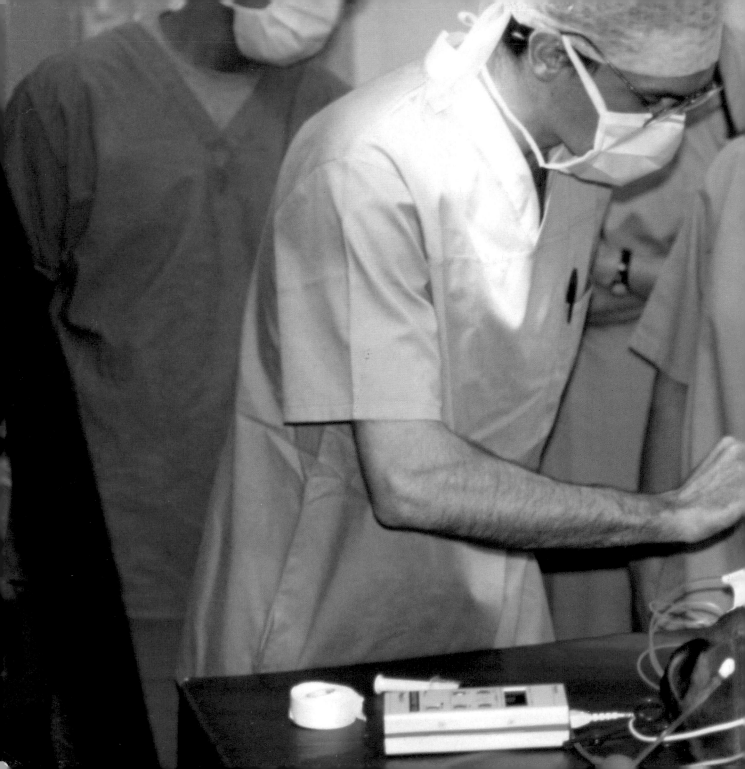

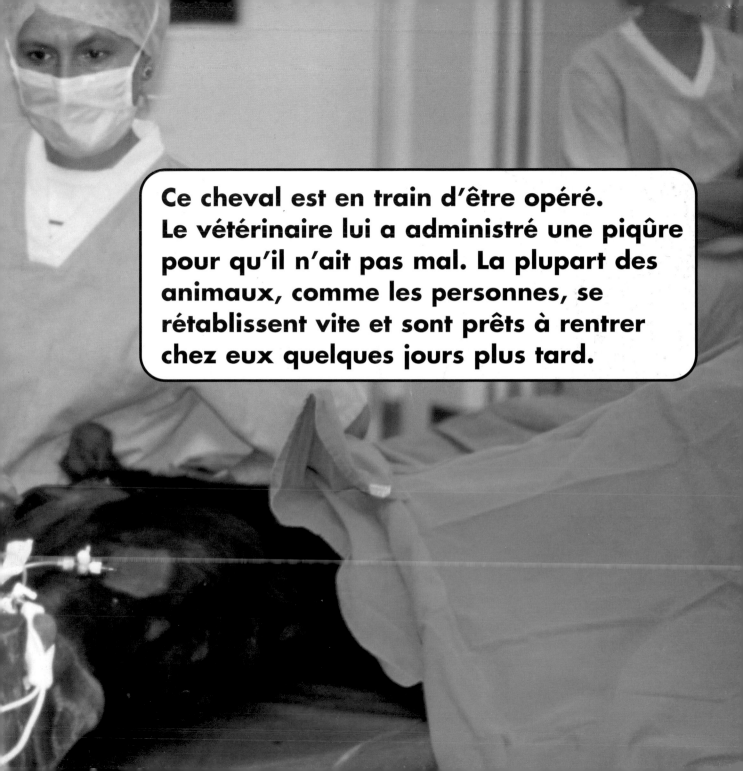

Ce cheval est en train d'être opéré. Le vétérinaire lui a administré une piqûre pour qu'il n'ait pas mal. La plupart des animaux, comme les personnes, se rétablissent vite et sont prêts à rentrer chez eux quelques jours plus tard.

Les vétérinaires de campagne passent le plus clair de leur temps dans les fermes. Voici des cochonnets qui viennent de naître.

Un vétérinaire et ses assistantes opèrent un aigle à tête blanche.

Ce vétérinaire ausculte un dauphin. Les dauphins sont très intelligents et comprennent bien ce qu'on leur demande de faire.

S'occuper d'une baleine peut être dangereux. Le vétérinaire et son équipe qui soignent un aussi grand animal doivent faire très attention.

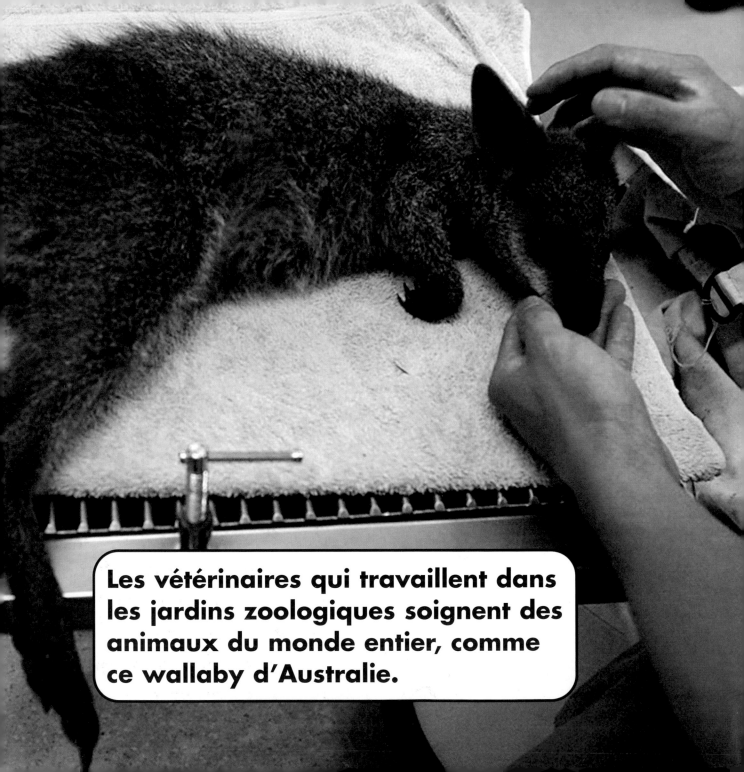

Les vétérinaires qui travaillent dans les jardins zoologiques soignent des animaux du monde entier, comme ce wallaby d'Australie.

C'est beaucoup plus difficile d'administrer un médicament à un lama qu'à un chien ou à un chat !

Un vétérinaire ne peut pas demander à son patient de lui expliquer son problème. Ce vétérinaire examine la vision d'un petit hibou.